DÉCRET

DU 11 MAI 1894

PORTANT

RÈGLEMENT

POUR LE

SERVICE D'EXPLORATION ET DE SURETÉ

(Modifications au Règlement du 26 octobre 1883
sur le Service des armées en campagne)

PARIS

LIBRAIRIE MILITAIRE DE L. BAUDOIN

IMPRIMEUR-ÉDITEUR

30, Rue et Passage Dauphine, 30

1894

DÉCRET

DU 11 MAI 1894

PORTANT

RÈGLEMENT

POUR LE

SERVICE D'EXPLORATION

ET DE SURETÉ

(Modifications au Règlement du 26 octobre 1883
sur le Service des armées en campagne)

DÉPOT LÉGAL

Seine
N° 2792
1894

PARIS

LIBRAIRIE MILITAIRE DE L. BAUDOIN

IMPRIMEUR-ÉDITEUR

30, Rue et Passage Dauphine, 30

1894

RAPPORT

AU PRÉSIDENT DE LA RÉPUBLIQUE FRANÇAISE

Paris, le 11 mai 1894.

Monsieur le Président,

Il m'a paru nécessaire de faire entreprendre une revision du règlement du 26 octobre 1883 sur le service des armées en campagne.

La rédaction des deux titres relatifs à l'exploration et à la sûreté est aujourd'hui terminée et j'estime qu'il y aurait un sérieux intérêt à mettre ces deux nouveaux titres en pratique lors des prochaines manœuvres d'automne, sans attendre que la revision complète du règlement soit achevée.

En conséquence, j'ai l'honneur de soumettre dès maintenant à votre haute sanction le travail partiel dont il s'agit, en vous priant de vouloir bien revêtir de votre signature le projet de décret ci-joint, qui porte règlement provisoire sur le service des armées en campagne (Titres *Exploration* et *Sûreté*).

Veuillez agréer, Monsieur le Président, l'hommage de mon respectueux dévouement.

Le Ministre de la Guerre,

Signé : A. MERCIER.

DÉCRET

DU 11 MAI 1894

PORTANT

RÈGLEMENT

POUR LE

SERVICE D'EXPLORATION

ET DE SURETÉ

Le Président de la République française,

Vu le règlement du 26 octobre 1883 sur le service des armées en campagne;

Considérant qu'il y a lieu d'apporter à ce règlement les modifications dont l'expérience des dernières années à fait ressortir la nécessité;

Considérant en outre que, sans attendre la revision complète du règlement, il y a lieu de mettre le plus tôt possible en pratique celles des parties du nouveau texte dont la rédaction est actuellement arrêtée;

Sur le rapport du Ministre de la guerre,

Décrète :

Les dispositions contenues dans les articles 116 à 127, 164 à 184 et 186 à 190 du règlement du

26 octobre 1883 sont remplacées par celles comprises dans les titres ci-après, savoir :

TITRE A. — *Exploration.*
TITRE B. — *Sûreté.*

TITRE A.

EXPLORATION.

Art. 1er. L'exploration a pour objet de fournir au commandant en chef les renseignements généraux dont il a besoin pour diriger ses troupes et assurer le succès de ses opérations.

Aux armées, ce service incombe aux divisions de cavalerie qui possèdent, en principe, de l'artillerie à cheval, et auxquelles des détachements d'infanterie peuvent éventuellement être adjoints.

Ces divisions peuvent être groupées en corps de cavalerie.

Le rôle essentiel de la cavalerie d'exploration est de prendre le contact de l'ennemi et de le conserver constamment, de combattre et de refouler la cavalerie adverse, pour se rapprocher des masses de l'infanterie ennemie et en découvrir les emplacements et les mouvements.

Le général commandant la cavalerie d'exploration reçoit du commandant en chef dont il dépend des instructions précises sur la mission qu'il a à remplir.

Tout en se conformant aux instructions qu'il a reçues, il conserve sa liberté d'action et adopte pour accomplir sa mission les procédés qu'il juge les meilleurs.

Devant toujours être en mesure de combattre,

il conserve le gros de ses forces aussi groupé que possible et confie le soin de rechercher l'ennemi à des éléments qu'il envoie sur certains points et dans des directions déterminées. Ces éléments constituent la *découverte*.

La découverte est assurée par des reconnaissances d'officiers et des détachements d'effectif variable, dont la composition et la force dépendent du but à atteindre et des circonstances.

Le rôle essentiel des reconnaissances d'officier et des détachements est de voir. Les détachements d'une certaine force peuvent avoir à combattre, mais la mobilité est, pour eux comme pour les reconnaissances, la condition principale du succès de leur mission.

Il importe en outre de choisir avec le plus grand soin le chef de toute fraction employée à la découverte.

Les instructions données au chef d'une fraction quelconque employée à la découverte doivent préciser l'objectif à atteindre ainsi que la nature des renseignements à recueillir, et contenir des indications qui lui permettent de faire parvenir les renseignements.

Tout chef de reconnaissance ou de détachement qui a pris le contact est tenu de le conserver. Il ne l'abandonne que s'il en reçoit l'ordre.

Tous les moyens de communication sont employés par les reconnaissances ou détachements pour transmettre les renseignements : estafettes (à cheval, en voiture ou en vélocipède), télégraphe, postes de correspondance, etc.

Le commandant de la cavalerie d'exploration se tient par tous les moyens en communication avec le commandant en chef.

TITRE B.

SÛRETÉ.

CHAPITRE Ier.

CONSIDÉRATIONS GÉNÉRALES.

Art. 2. L'objet général du service de sûreté est :

1° De renseigner le commandement sur la présence et les mouvements de l'ennemi dans une zone déterminée ;

2° De protéger les troupes contre les surprises et de donner au commandement le temps nécessaire pour prendre ses dispositions.

La cavalerie, en raison de sa mobilité, est plus spécialement chargée de fournir les renseignements nécessaires à la sûreté : en outre, elle contribue à protéger les troupes en s'opposant aux incursions de la cavalerie adverse.

Dans une armée, la majeure partie de la cavalerie des corps d'armée établit un service de sûreté de première ligne, en arrière duquel se meuvent ou stationnent les grands éléments de l'armée.

La sûreté éloignée repose sur ce service de première ligne.

Le reste de la cavalerie des corps d'armée constitue la cavalerie divisionnaire, à raison d'un escadron par division. Cette cavalerie divisionnaire concourt à la protection immédiate des troupes.

La protection immédiate des troupes en marche ou en station est assurée par des détachements de toutes armes. Ces détachements sont désignés :

En marche, sous le nom « d'avant-garde », « flanc-garde » et « arrière-garde » ;

En station, sous le nom « d'avant-poste ».

En raison de sa force de résistance, l'infanterie constitue la majeure partie de ces détachements.

CHAPITRE II.

SERVICE DE SURETÉ DE PREMIÈRE LIGNE.

Art. 3. La cavalerie chargée de la sûreté de première ligne a pour missions spéciales :

1º De renseigner chaque jour le commandement sur la présence et les mouvements des forces ennemies qui pourraient inquiéter la marche ou le stationnement des troupes ;

2º De s'opposer aux incursions de la cavalerie ennemie ;

3º De fournir tous les renseignements nécessaires sur les voies de communication et les ressources du pays, en vue de la préparation de la marche et de l'installation au cantonnement.

Le commandant d'une armée dispose, pour assurer la sûreté de première ligne, de toute la cavalerie affectée par organisation aux unités de son armée, à l'exception des escadrons divisionnaires.

Suivant les circonstances, il peut laisser cette cavalerie à la disposition des commandants de corps d'armée, ou la répartir en un ou plusieurs groupes opérant sous ses ordres directs.

Des détachements d'infanterie et des batteries

d'artillerie peuvent être adjoints à la cavalerie chargée de la sûreté de première ligne.

La cavalerie chargée de la sûreté de première ligne a l'obligation de rester en liaison constante avec les troupes qu'elle couvre.

Elle marche aussi concentrée que possible dans la direction principale indiquée par le commandement. Elle surveille, au moyen de reconnaissances d'officier et de détachements, toutes les voies d'accès utilisables par l'ennemi dans la zone où elle a reçu l'ordre d'opérer.

La profondeur de cette zone est en général d'une journée de marche en avant des troupes.

CHAPÎTRE III.

PROTECTION IMMÉDIATE DES COLONNES.

Règles générales.

Art. 4. Une colonne en marche est toujours protégée à courte distance par des détachements prélevés sur les troupes qui la composent.

Ces détachements prennent le nom d'avant-garde, de flanc-garde ou d'arrière-garde, suivant qu'ils sont placés sur le front, sur les flancs ou en arrière de la colonne.

Leur mission générale est de garantir le corps principal contre toute surprise et d'assurer constamment au commandant de la colonne la libre disposition du gros de ses forces.

Avant-garde.

Art. 5. La force d'une avant-garde est proportionnée à celle de la colonne qu'elle couvre.

Elle doit être suffisante pour lui permettre de s'emparer des positions avantageuses, de s'engager vigoureusement pour obliger l'ennemi à montrer ses forces, ou tout au moins de le contenir assez longtemps pour donner au corps principal le temps de prendre ses dispositions à l'abri du feu.

L'avant-garde doit, en outre, réparer et dégager la voie que doit suivre le gros de la colonne.

Une avant-garde comprend généralement des fractions constituées de toutes armes, savoir :

La majeure partie de la cavalerie divisionnaire ;

De l'infanterie, dans la proportion du sixième au tiers de l'effectif de l'infanterie de la colonne ;

De l'artillerie, dans une proportion variable suivant les circonstances et le terrain ;

Un détachement du génie, dont la composition est subordonnée à la nature et à l'importance des travaux à prévoir.

Tous ces éléments sont sous les ordres d'un même chef, qui est le commandant de l'avant-garde.

L'avant-garde se fractionne en échelons successifs.

Ces échelons prennent le nom de « pointe », de « tête » et de « gros » de l'avant-garde.

La pointe est formée par le détachement de cavalerie de l'avant-garde.

La tête comprend une fraction constituée d'infanterie et le détachement du génie.

Le gros comprend la majeure partie de l'infanterie et l'artillerie.

Les distances entre ces échelons sont subordonnées à la nature du pays, à la composition et à la force de l'avant-garde.

La distance qui sépare l'avant-garde du gros des troupes est déterminée par la nécessité de donner au commandant de la colonne le temps et l'espace nécessaire pour prendre ses dispositions.

Flanc-gardes.

Art. 6. Les flancs-gardes sont destinées à protéger les flancs ou le flanc découvert d'une colonne en marche contre des partis ennemis qui essayeraient de la tourner et d'y jeter le désordre.

Elles sont composées de fractions constituées dont la force est en rapport avec l'importance de la colonne et celle des attaques à prévoir.

Elles occupent, pendant le passage de la colonne, les points importants d'où l'ennemi pourrait inquiéter la marche.

Les flanc-gardes sont fournies par les premières troupes du gros de la colonne. S'il s'agit d'une colonne considérable, il peut être avantageux, pour éviter d'imposer aux flanc-gardes un service trop prolongé, de les faire relever par des détachements fournis, en temps utile, par d'autres éléments de la colonne.

En général, une flanc-garde comprend de l'infanterie, chargée de résister sur l'emplacement choisi, et quelques cavaliers, dont le rôle est de signaler l'approche de l'ennemi.

Lorsqu'on redoute une attaque sérieuse sur le flanc de la colonne, la protection de ce flanc est confiée à des détachements plus importants que les flanc-gardes proprement dites. Ces détachements peuvent comprendre des unités constituées de toutes armes. Il appartient au commandement de régler leur mode d'action dans chaque cas particulier.

Arrière-garde.

Art. 7. Dans la marche en avant, l'arrière-garde a pour mission d'observer tout ce qui se passe en arrière de la colonne, de la prévenir si elle est menacée et d'offrir une première résistance en cas d'attaque inopinée.

Elle est fournie par le corps qui est le dernier dans la colonne. Sa force est habituellement de un bataillon pour une colonne de corps d'armée, de deux compagnies pour une colonne de division, d'une compagnie pour une colonne de brigade.

Autant que possible, il lui est adjoint un détachement de cavalerie.

Dans les marches rétrogrades, l'arrière-garde a pour mission essentielle de couvrir la retraite du corps principal.

D'une manière générale elle est composée comme une avant-garde dans la marche en avant. Toutefois, comme elle ne doit pas compter sur l'appui du corps principal, il peut être nécessaire de la constituer plus fortement, surtout en artillerie et en cavalerie.

La cavalerie marche en arrière, en tenant constamment le contact de l'ennemi, et veille à la sûreté des flancs.

Colonne de toutes armes opérant isolément.

Art. 8. La protection d'une colonne isolée exige le fonctionnement simultané de tous les organes du service de sûreté.

En toutes circonstances, la cavalerie attachée à la colonne concourt à la protection immédiate des troupes. Si son effectif le permet, elle assure en outre le service de sûreté de première ligne dans la limite du possible.

Le fractionnement de la cavalerie en deux groupes affectés respectivement à chacune de ces deux missions est fait par les soins du commandant de la colonne.

Colonne de cavalerie opérant isolément.

Art. 9. Une colonne de cavalerie en marche se couvre par une avant-garde, une arrière-garde et des flanqueurs.

La force de l'avant-garde et de l'arrière-garde est uniquement subordonnée à la situation et à la nature du terrain.

L'avant-garde se fractionne en pointe, tête et gros.

Les flanqueurs sont des détachements de faible importance ou des cavaliers isolés qui sont envoyés sur les points d'où l'ennemi pourrait déboucher inopinément, et rejoignent la colonne en doublant l'allure après avoir accompli leur mission.

CHAPITRE IV.

AVANT-POSTES.

Règles générales.

Art. 10. Les avant-postes sont chargés d'assurer la protection immédiate des troupes en station.

En principe, ils sont composés d'infanterie et de cavalerie.

L'infanterie occupe les points du terrain où il importe de résister en cas d'attaque.

La cavalerie observe à une certaine distance en avant des points occupés par l'infanterie, principalement pendant le jour; elle assure la liaison des divers éléments des avant-postes ainsi que la transmission rapide des renseignements.

On ne place de l'artillerie aux avant-postes que lorsqu'il s'agit de garder des points importants, et surtout des défilés.

Les troupes de toutes armes qui composent les avant-postes sont placées sous le même commandement.

Le service des avant-postes imposant aux troupes de grandes fatigues en raison de sa permanence pendant la nuit, on ne doit y employer que l'effectif strictement nécessaire dans chaque cas particulier.

Les dispositions d'ensemble varient avec la force et l'emplacement des troupes à couvrir, les projets du commandement, l'éloignement de l'ennemi et la nature du terrain.

Dans bien des cas, il suffira, pour la sûreté des troupes, d'occuper ou de surveiller, par des détachements ou des postes isolés, les routes et chemins conduisant à l'ennemi.

Dans d'autres cas, les troupes d'avant-postes formeront un réseau de surveillance plus serré et comprenant différents éléments échelonnés, dans le sens de la profondeur, en vue du combat.

En toutes circonstances le jugement sera le meilleur guide dans le choix des moyens les plus propres à satisfaire à la mission des avant-postes.

Autant que possible, l'emplacement des avant-postes est choisi de manière que les cantonnements les plus avancés soient à l'abri d'une surprise par un tir efficace de l'artillerie ennemie.

Après une marche en avant, les avant-postes se composent pour chaque colonne, soit de l'avant-garde entière si la colonne est de faible effectif, soit d'une partie de l'avant-garde si la colonne est plus importante. Le commandant de l'avant-garde ou de cette partie de l'avant-garde devient le commandant des avant-postes.

Si l'étendue du front à garder l'exige, la ligne des avant-postes est divisée en secteurs ayant chacun un commandant particulier.

Dans la marche en retraite, les avant-postes sont généralement fournis par des troupes prises dans le gros de la colonne.

En station à proximité de l'ennemi, les grandes unités en première ligne pourvoient à leur propre sûreté et ont alors chacune leur commandant d'avant-postes.

Devoirs du commandement,

Art. 11. En toutes circonstances, le général de brigade de qui relèvent les troupes employées aux avant-postes est responsable de l'exécution du service.

Il donne à cet effet les ordres nécessaires, d'après les instructions du commandement supérieur, et, à défaut d'instructions, organise le service sous sa propre responsabilité.

Les ordres donnés font connaître : l'ensemble de la position des avant-postes, la répartition en secteurs (s'il y a lieu), les troupes affectées à ce service, le commandant des avant-postes ou les commandants des divers secteurs.

Ils contiennent en outre des indications sur l'emplacement de la troupe à couvrir, sur la situation des corps voisins et celle de l'ennemi, sur la conduite à tenir en cas d'attaque.

La liaison entre les avant-postes des diverses colonnes ou grandes unités stationnées en première ligne est assurée par le commandement supérieur.

Composition et fractionnement d'un réseau complet d'avant-postes.

Art. 12. Le présent article et les suivants ont pour objet d'exposer le rôle de tous les éléments que comprend un réseau d'avant-postes, quand il est aussi complet que possible en raison de la proximité de l'ennemi.

Mais il reste bien entendu que ce réseau peut et doit être modifié et simplifié, dans chaque cas particulier, suivant les circonstances.

Un réseau complet d'avant-postes comprend :
La « réserve des avant-postes » ;
Les « grand'gardes » ;
Les « petits postes » et « postes spéciaux » ;
Les « sentinelles ».

La réserve d'avant-postes constitue en avant de la troupe à couvrir la première force disponible pour soutenir les grand'gardes.

Les grand'gardes ont pour mission de résister aux attaques de l'ennemi dans le secteur qui leur est affecté.

Les grand'gardes détachent en avant d'elles les petits postes qui fournissent les sentinelles chargées d'observer du côté de l'ennemi.

La cavalerie des avant-postes assure la liaison

1...

de ces différents échelons, et concourt, pendant le jour, à la surveillance.

Les distances entre les échelons doivent être telles qu'ils se prêtent un mutuel appui. Elles varient suivant les circonstances et le terrain.

Le service des avant-postes est complété par les « rondes, patrouilles » et « reconnaissances ».

Les rondes ont pour objet de s'assurer que le service est exactement fait sur la ligne des sentinelles et des petits postes.

Les patrouilles sont des détachements de force variable que les petits postes, les grands'gardes ou la réserve envoient au delà de la ligne des sentinelles pour explorer le terrain et observer l'ennemi.

Les reconnaissances sont des détachements plus importants, fournis par la réserve des avant-postes ou par le corps principal ; leur mission est d'aller chercher des renseignements que les simples patrouilles ne pourraient obtenir.

Réserve des avant-postes.

Art. 13. La réserve des avant-postes a, en général, un effectif au moins égal à la moitié de l'effectif total des troupes des avant-postes.

Elle est placée en arrière des grand'gardes, en un point d'où il soit facile de la porter dans toutes les directions.

La réserve est sous les ordres directs du commandant des avant-postes et fournit les patrouilles et reconnaissances qu'il ordonne, ainsi que les postes spéciaux destinés à occuper certains points importants.

La réserve a une garde de police. Le reste de

la troupe bivouaque ou cantonne en cantonnement d'alarme, si l'ordre en est donné. Les hommes se reposent, prêts à prendre les armes; personne ne doit s'éloigner.

Les distributions de toute nature sont faites à la réserve pour tous les avant-postes; les denrées destinées aux grand'gardes leur sont envoyées.

Les bagages des officiers de la réserve peuvent être mis à leur disposition, mais les voitures sont chargées tous les soirs, les chevaux restent sellés ou harnachés pendant la nuit.

Toute batterie ou sonnerie est interdite, sauf en cas d'alerte.

Grand'garde.

Art. 14. L'effectif habituel d'une grand'garde est d'une compagnie, à laquelle on adjoint quelques cavaliers.

Une partie de la grand'garde est employée à fournir les petits postes et sentinelles. La partie disponible de la grand'garde doit comprendre au moins la moitié de son effectif total et forme la grand'garde proprement dite.

Le quart de la grand'garde proprement dite reste de « piquet », prêt à marcher au premier signal. Le piquet fournit une sentinelle devant les armes et les hommes nécessaires pour observer les signaux des petits postes.

Les grands'gardes sont établies au bivouac ou sous un abri, autant que possible dans le voisinage d'un chemin et hors des vues de l'ennemi. Les hommes conservent leur équipement de jour et de nuit.

Chaque commandant de grand'garde se met en relations avec les grand'gardes voisines. Il rend compte le plus tôt possible au commandant des avant-postes des dispositions qu'il a prises et l'informe d'une manière générale de tous les événements survenus dans son secteur.

Le commandant d'une grand'garde est responsable du choix des emplacements occupés par toutes les fractions de sa compagnie et de l'exécution du service dans son secteur.

Petits postes et sentinelles.

Art. 15. L'effectif maximum d'un petit poste est d'une section. Il est fixé par le commandant de la grand'garde, d'après l'importance de la partie du terrain que le petit poste doit surveiller.

Chaque petit poste détache en avant de lui des sentinelles doubles, et fournit une sentinelle simple devant le poste.

Les petits postes sont établis à proximité des chemins, de manière à pouvoir communiquer facilement avec leurs sentinelles, ainsi qu'avec la grand'garde dont ils dépendent. Leur emplacement est, autant que possible, dérobé aux vues de l'ennemi.

Pendant le jour, les hommes non de service peuvent se reposer, mais ne quittent pas leur équipement et conservent l'arme à leur portée.

La nuit, tout le monde veille ; il est généralement interdit de fumer et d'allumer des feux. Les aliments des hommes sont préparés à la grand'garde.

Dans les parties du terrain couvertes ou très accidentées, les petits postes peuvent être multipliés, et leur effectif, variable suivant l'importance de leur position, peut être réduit jusqu'au minimum indispensable pour fournir une seule sentinelle double à proximité du poste.

Les sentinelles sont attentives de l'œil et de l'oreille, elles ne rendent pas d'honneurs et ne se laissent pas distraire de leur surveillance par l'apparition d'un supérieur.

Elles ne peuvent ni déposer leur sac, ni s'asseoir, ni se coucher. Elles ont toujours l'arme prête à faire feu, mais elles ne tirent que si elles aperçoivent distinctement l'ennemi. Elles font également feu sur quiconque cherche à passer malgré leur avertissement.

Pendant le jour, elles laissent passer les officiers et les troupes pour lesquels elles ont reçu des consignes particulières ou qui appartiennent à la fraction de service aux avant-postes.

Pendant la nuit, lorsqu'une sentinelle entend quelqu'un approcher, elle crie : « Halte-là ! » et répète au besoin ce cri. Si l'on ne s'arrête pas après qu'elle a crié une seconde fois, elle fait feu. Si l'on s'arrête, elle crie : « Qui vive ! » et lorsqu'il lui a été répondu : « France, ronde ou patrouille, » elle crie : « Avance au ralliement ! » Si le chef de la troupe ne s'avance pas seul, s'il ne donne pas le mot de ralliement ou ne fait pas le signal convenu, la sentinelle fait feu et se replie si c'est nécessaire.

Le mot doit être donné à voix basse. En général, il faut éviter tout bruit et tout mouvement inutile sur la ligne des sentinelles ; à cet effet, on peut substituer l'usage des signaux aux interpellations à la voix ; les sentinelles font alors les premières un signal auquel il doit être répondu par un autre signal convenu.

Cavalerie des avant-postes.

Art. 16. La cavalerie des avant-postes est prélevée sur la cavalerie divisionnaire ; elle concourt à la sûreté en prolongeant, au moyen de ses patrouilles, le service d'observation ; elle fournit les éléments nécessaires à la liaison des diverses fractions des avant-postes en détachant quelques cavaliers à chaque grand'garde.

Enfin, pendant le jour, elle place quelques vedettes pour soulager le service de l'infanterie, ou peut être appelée à établir des postes spéciaux à une certaine distance en avant de la ligne générale de surveillance.

Pendant la nuit, les cavaliers non employés se reposent à la réserve d'avant-postes.

Rondes, patrouilles et reconnaissances.

Art. 17. Les « rondes » sont faites par un officier ou sous-officier accompagné de deux ou trois hommes armés.

Les rondes marchent à l'intérieur de la ligne des sentinelles pour n'être pas aperçues du dehors. Le jour, les sentinelles les reconnaissent sans avoir besoin de les interpeller. La nuit, un des hommes s'approche et se fait reconnaître.

Les « patrouilles » sont toujours composées d'au moins trois hommes, commandés par un ceporal, un sous-officier, au besoin par un officier. On choisit de préférence pour ce service des hommes intelligents, adroits et capables de s'orienter sur un terrain inconnu.

Le commandant de la grand'garde règle le nombre, l'heure et l'itinéraire des rondes et pa-

trouilles d'après la force de sa troupe, la nature
du terrain et les possibilités d'attaque.

Le chef d'un petit poste peut prescrire pendant
le jour les patrouilles qu'il juge nécessaires.

Pour éviter les méprises de nuit, les petits
postes et les sentinelles sont avertis des heures et
lieux de sortie, ainsi que des heures et points
probables de rentrée des patrouilles.

Les patrouilles marchent avec précaution et
sans bruit, en faisant halte souvent pour écouter
et s'orienter ; elles observent avec soin le terrain
qu'elles explorent.

En général, les petites patrouilles d'infanterie
ne doivent pas, la nuit et en terrain coupé,
s'avancer à plus d'un kilomètre de la ligne des
sentinelles. Si les circonstances exigent qu'elles
soient poussées plus loin, on augmente leur
force.

Au point du jour, les patrouilles doivent être
plus fréquentes et reconnaître le terrain plus au
loin ; elles ne rentrent qu'au grand jour.

Les patrouilles évitent d'engager le combat et
plus encore de se laisser couper ; pour cela, elles
prennent un autre chemin au retour. Si elles ren-
contrent un ennemi de force inférieure, elles se
dissimulent et cherchent à l'attirer dans une
embuscade. Si l'ennemi est en force, elles aver-
tissent les petits postes en arrière et continuent à
observer ; s'il attaque, elles se replient en combattant.

Tout chef de patrouille communique à ses
hommes le mot de ralliement et les signaux, pour
qu'ils puissent rentrer isolément dans les lignes
si la patrouille est obligée de se disperser.

A sa rentrée, il rend compte de ce qu'il a

observé au chef qui l'a envoyé. Tout renseigne-
ment important est transmis au commandant des
avant-postes.

Quand les avant-postes doivent séjourner plusieurs jours sur un même terrain, l'heure de
sortie et l'itinéraire des patrouilles sont changés
chaque jour.

Les « reconnaissances » sont exécutées sur
l'ordre du commandant des avant-postes par des
détachements placés sous le commandement d'un
officier.

Elles doivent employer peu de monde et se
composent, suivant la nature du pays et la
situation respective des forces opposées, d'infanterie ou de cavalerie, mais, autant que possible,
de troupes des deux armes.

Leur fréquence, leur force et le moment de leur
sortie dépendent principalement du terrain, de la
distance et de la position de l'ennemi.

En général, on ne doit pas les prodiguer, et
surtout il faut éviter de les recommencer aux
mêmes heures et par la même route.

Le commandant d'une reconnaissance prend
toutes les précautions qu'exige la sûreté d'un
détachement marchant à petite distance de
l'ennemi.

Si l'on rencontre l'ennemi, il faut l'observer et
le suivre sans se laisser apercevoir, autant que
possible; le but étant de découvrir ses forces et
ses projets, il ne faut le combattre que lorsqu'on
y est forcé, et que, faute de pouvoir obtenir
autrement des renseignements, on est dans la
nécessité de faire des prisonniers.

Cependant, quand l'ennemi marche sur le cantonnement ou le bivouac, le commandant de la

reconnaissance ne doit pas hésiter à le combattre, s'il a l'espoir de retarder sa marche.

Installation des avant-postes.

Art. 18. Lorsque les troupes en marche s'arrêtent, le service des avant-postes est organisé dès que les avant-gardes ont atteint les positions qui leur sont assignées pour la nuit.

Dans chaque secteur, le commandant des avant-postes donne, d'après la carte, les ordres nécessaires pour l'organisation et l'installation des avant-postes, conformément aux instructions qu'il a reçues.

Les indications contenues dans ces ordres sont les suivantes :

1° Mission de la cavalerie ;

2° Emplacement approximatif et secteur de surveillance de chaque grand'garde ;

3° Emplacement de la réserve des avant-postes ;

4° Conduite à tenir en cas d'attaque ;

5° Renseignements de toute nature intéressant le service des avant-postes : sur l'ennemi, les corps voisins, les chemins ou points à surveiller particulièrement, etc.

Chaque commandant de grand'garde conduit alors sa compagnie sur l'emplacement indiqué, en s'éclairant par des patrouilles, et détermine, sur le terrain, la position exacte de la grand'-garde, le nombre, la nature et l'emplacement des petits postes et celui des sentinelles.

Le déploiement des échelons les plus avancés du service de sûreté est protégé par la réserve d'avant-postes, qui prend à cet effet position au point convenable.

Le commandant des avant-postes visite sans retard tous les échelons des avant-postes, prescrit les modifications qui lui paraissent nécessaires et s'établit de sa personne à la réserve.

Dans les marches en retraite, les avant-postes seront fournis, si cela est possible, par le corps principal et s'installent avant l'arrivée de l'arrière-garde. Celle-ci traverse alors la ligne d'avant-postes et se retire sur le lieu de stationnement qui lui est assigné.

Dans le cas contraire, l'arrière-garde pourvoit elle-même au service de sûreté.

Conduite en cas d'attaque par l'ennemi.

Art. 19. Le rôle essentiel des avant-postes est de gagner du temps. Ils ne doivent pas chercher le combat; mais, en cas d'attaque, le chef de toute fraction engagée est tenu de ne reculer devant aucun sacrifice pour donner aux troupes en arrière le temps de prendre leurs dispositions.

Dès qu'une grand'garde est attaquée ou menacée de l'être, elle avertit les postes voisins et le commandant des avant-postes. Selon la force de l'ennemi, la nature du terrain ou les instructions reçues, elle marche au-devant de l'ennemi, résiste sur place ou se replie en combattant.

Le commandant des avant-postes fait prendre les armes, envoie des renforts aux grand'gardes attaquées, les recueille dans les positions qu'il a choisies à l'avance, et continue le combat. Il ne cesse la résistance que s'il en reçoit l'ordre.

Relèvement des avant-postes.

Art. 20. Quand les troupes reprennent la marche, le commandant des avant-postes donne les ordres nécessaires pour que les diverses fractions commencent à se rassembler dès que la ligne des sentinelles a été dépassée par les premiers éléments d'infanterie de l'avant-garde, et puissent reprendre en temps utile leur place dans la colonne.

Ces fractions rejoignent l'avant-garde dont elles faisaient partie, si celle-ci n'est pas relevée, ou prennent, dans la colonne, la place indiquée par le commandant des troupes.

Une grosse avant-garde peut rester chargée, pendant plusieurs jours consécutifs, de la sûreté en marche et en station, sous la réserve de faire participer successivement les différents éléments de l'avant-garde aux divers services des avant-postes.

Quand les troupes stationnent, le relèvement des avant-postes a lieu conformément aux ordres du commandement.

Mot d'ordre aux avant-postes.

Art. 21. Les mots d'ordre et de ralliement, ou éventuellement les signaux de reconnaissance destinés à les remplacer, doivent être portés à la connaissance du commandant des avant-postes, des commandants des grand'gardes, des chefs des petits postes, des chefs des rondes, patrouilles et reconnaissances.

Les chefs des petits postes donnent aux sentinelles le mot de ralliement et leur font connaître les signaux convenus.

Consignes générales des avant-postes.

Art. 22. Les troupes aux avant-postes, indépendamment des consignes spéciales données au moment de l'installation se conforment, en toutes circonstances, aux consignes générales suivantes:

Tout chef de petit poste ou grand'garde doit toujours informer non seulement l'échelon en arrière, mais aussi les postes voisins, de la marche et des mouvements de l'ennemi, ainsi que des attaques qu'il a à craindre ou qu'il est occupé à soutenir.

Il doit également examiner et interroger les personnes passant à portée, et particulièrement celles qui viennent du dehors.

En principe, personne ne doit sortir des lignes sans autorisation. Les officiers et les détachements envoyés en mission, les militaires isolés et les personnes étrangères à l'armée munies d'un laisser-passer ou d'un ordre délivré par l'autorité militaire, doivent se présenter au commandant de la grand'garde qui les fait accompagner jusqn'à la ligne des sentinelles.

Les personnes isolées qui demandent à entrer dans les lignes, sont arrêtées par les sentinelles, qui donnent avis aux petits postes. Le chef du petit poste les fait conduire au commandant de la grand'garde; celui-ci les interroge, les fait fouiller au besoin et les envoie sous escorte au commandant des avant-postes. Les commandants des grands'gardes envoient de même au commandant des avant-postes les prisonniers faits sur l'ennemi après les avoir interrogés.

Lorsque, pendant la nuit, une troupe ou un détachement se présente pour rentrer dans les lignes, les sentinelles l'arrêtent et préviennent le petit poste. Le chef du petit poste avertit le commandant de la grand'garde, qui vient reconnaître la troupe. Le commandant de la grand'garde ne laisse passer la troupe que si son chef est porteur d'un ordre écrit ou appartient au corps couvert par les avant-postes. Dans le cas contraire, il envoie sous escorte le chef de la troupe au commandant des avant-postes, fait tenir la troupe à distance, avertit les postes voisins de se tenir sur leurs gardes et se prépare lui-même à combattre.

Quel que soit son grade, le chef de la troupe ainsi arrêtée est tenu de répondre à toutes les questions qui lui sont faites dans le but de constater son identité.

Pendant la nuit, les petits postes, la fraction de piquet des grand'gardes et la garde de police de la réserve prennent les armes pour les patrouilles, rondes et reconnaissances et tout ce qui s'approche d'eux : les sentinelles devant les armes reçoivent les consignes nécessaires à cet effet.

Une heure avant le jour, les petits postes, les grand'gardes et la réserve d'avant-postes prennent les armes et attendent ainsi les ordres du commandant des avant-postes.

Les troupes aux avant-postes ne rendent pas d'honneurs.

Indépendamment des avis immédiats qu'ils doivent transmettre sur tous les points importants, les commandants des grand'gardes adressent au commandant des avant-postes un rapport sur les événements de la nuit.

Le commandant des avant-postes est responsable de l'exécution du service.

Il communique au général de brigade tous les renseignements qui parviennent à sa connaissance et lui envoie, après les avoir interrogés, les gens suspects, les prisonniers et les déserteurs.

Le matin, il lui adresse un rapport, après avoir reçu ceux des grand'gardes.

Parlementaires.

Art. 23. Lorsqu'un parlementaire se présente, les sentinelles l'arrêtent en dehors des lignes et le font tourner du côté opposé au poste et à l'armée. Le chef du petit poste vient le reconnaître, prend ses dépêches et les envoie au commandant de la grand'garde. Celui-ci en donne reçu et les fait parvenir, sans retard, au chef des troupes par l'intermédiaire du commandant des avant-postes.

Pour éviter toute indiscrétion, le chef du petit poste reste auprès du parlementaire; à l'arrivée du reçu des dépêches, celui-ci est immédiatement congédié.

Si le parlementaire demande à être reçu par le commandant des troupes, le chef du petit poste lui fait bander les yeux ainsi qu'à son trompette et les conduit au petit poste, où ils attendent l'ordre d'introduction. Cet ordre ne peut être donné que par le commandant des troupes lui-même.

Tandis que le trompette reste au petit poste, le parlementaire est envoyé, les yeux bandés, à la grand'garde, d'où un officier le conduit à la réserve des avant-postes, puis au commandant des troupes. Il est ramené avec les mêmes précautions au poste où il s'est présenté. Dans certains cas, le parlementaire doit être retenu temporairement; par exemple, quand il a pu recueillir des renseignements ou surprendre des mouvements qu'il importe de tenir cachés à l'ennemi.

Toute conversation avec un parlementaire est rigoureusement interdite.

Déserteurs.

Art. 24. Les sentinelles auxquelles se présentent des déserteurs ennemis leur ordonnent verbalement ou par signe de déposer leurs armes, et, s'ils sont à cheval, de mettre pied à terre et de dessangler leurs chevaux. Elles font feu sur eux s'ils n'obéissent pas.

Le chef du petit poste vient reconnaître les déserteurs et ne les laisse approcher que successivement.

Le commandant de la grand'garde, à qui ils sont amenés, les interroge sur tout ce qui peut concerner la sûreté de son poste, et les fait conduire sous escorte au commandant des avant-postes. Celui-ci les interroge de nouveau et les dirige sur le quartier général du commandant des troupes.

Postes d'examen.

Art. 25. Dans un stationnement prolongé il peut y avoir avantage à établir, sur la ligne même des petits postes, un poste spécial dit poste d'examen, chargé de recevoir, examiner et interroger les parlementaires, déserteurs, prisonniers et d'une manière générale toutes les personnes étrangères à l'armée qui demandent à entrer dans les lignes.

Dans ce cas, le commandant des avant-postes fixe la composition de ce poste d'examen et son emplacement qui est généralement choisi sur la voie d'accès la plus importante.

A proximité de l'ennemi, le commandement supérieur peut interdire d'une manière absolue l'entrée et la sortie des lignes.

Avant-postes de la cavalerie opérant isolément.

Art. 26. Les troupes de cavalerie qui opèrent isolément (cavalerie d'exploration) ou à grande distance des colonnes (cavalerie employée au service de sûreté de première ligne), pourvoient elles-mêmes à leur sûreté.

On ne saurait, à cet égard, formuler de règles générales. Le commandant de la cavalerie détermine, dans chaque cas particulier, les dispositions des avant-postes d'après la situation tactique et le terrain. Plus encore que pour l'infanterie, il est essentiel de n'affecter au service des avant-postes de cavalerie que le minimum de forces nécessaires, afin d'assurer à la plus grande partie de la troupe un repos sans lequel elle serait promptement mise hors d'état de rendre aucun service.

La sûreté de la cavalerie, pendant le stationnement, repose avant tout sur les mesures prises dans chaque cantonnement. On choisit de préférence, pour abriter les escadrons, des fermes isolées, hameaux ou enclos. Les escadrons se barricadent dans leurs cantonnements et postent des hommes à pied près des points que l'ennemi peut aborder.

En outre, on établit, à une distance plus ou moins grande en avant des cantonnements, des postes destinés à signaler l'approche de l'ennemi. Ces postes sont placés près des carrefours, ponts, gués, etc.

Si, exceptionnellement, il est nécessaire d'occuper en force certains points, on peut être amené à constituer des escadrons de grand'garde qui se couvriront eux-mêmes par des postes et des vedettes.

Ces dispositions doivent être combinées avec un service très actif de patrouilles.

D'une manière générale, la cavalerie n'est susceptible de résister sur place qu'en faisant usage de son feu. Par suite, lorsque des avant-postes de cavalerie ont pour mission de se maintenir pendant un certain temps contre une attaque ennemie, ils ne doivent pas hésiter à combattre à pied.

Les dispositions qui précèdent annulent celles qui font l'objet des articles 116 à 127, 164 à 184, 186 à 190 du règlement du 26 octobre 1883.

Fait à Paris, le 11 mai 1894.

Signé : CARNOT.

Par le Président de la République :

Le Ministre de la Guerre,

Signé : A. MERCIER.

TABLE DES MATIÈRES

CHAPITRE IV.

AVANT-POSTES.

Paris. — Imprimerie L. BAUDOIN, 2, rue Christine.

www.ingramcontent.com/pod-product-compliance
Ingram Content Group UK Ltd.
Pitfield, Milton Keynes, MK11 3LW, UK
UKHW021647090726
13657UKWH00004B/1819